AF220231

## Die Gedichte

*Ein Versuch, Klaviermusik in Worte zu fassen.* Gedichtet vom 14. Juni 1980 bis zum 9. Dezember 1982 in Regensburg an der Donau. In Erinnerung an Sviatoslav Richter und Keith Emerson.

## Der Autor

*Christian Gloggengießer*, geb. 11.7.1961 in Ingelheim am Rhein, schulisch aufgewachsen in Regensburg an der Donau.

Christian Gloggengießer

# Bilder einer Ausstellung

*SECHZEHN GEDICHTE*

*IN BILDERN*

1980-1982 gedichtet

nach der Klavierkomposition

des Jahres 1874 von

MODEST MUSSORGSKY

# Impressum

Gedichte sind geschrieben vom 14.6.1980 bis zum 9.12.1982

92 Buchseiten, Größe 12 x 19 cm, Schrift Corbel, Größe 12,

COVER und BILDER  sind vom Autoren im Juni/Juli 2021 mit canva.com erstellt – davon 32 Farbbilder.

Bibliografische Information der Deutschen Nationalbibliothek: Die Deutsche Nationalbibliothek verzeichnet diese Publikation in der Deutschen Nationalbibliografie; detaillierte bibliografische Daten sind im Internet über http://dnb.dnb.de abrufbar.

Herstellung und Verlag: BoD – Books on Demand, Norderstedt

ISBN 978-3-7543-2403-5

## Widmung

Diese Klaviermusik »Bilder einer Ausstellung« von Modest Mussorgsky in der Rockmusic-Version der Gruppe »*Emerson, Lake and Palmer*« und in der Klavierinterpretation von *Sviatoslav Richter* bewogen mich als Jugendlicher dazu, das Klavierspiel zu erlernen.

Wobei das Schreckliche an dieser Erinnerung der Selbstmord von *Keith Emerson* (1944-2016) ist: In der Nacht zum 11. März 2016 erschoss er sich 71-jährig in Santa Monica, Kalifornien USA, nach Aussage seiner Frau, weil er die Kränkungen seiner Fans, weil er nicht mehr virtuos Klavier spielen konnte, nicht mehr ertragen hätte.

**Diese Gedichte sind deshalb *Sviatoslav Richter* und *Keith Emerson* gewidmet.**

Ch. G., Regensburg, 1982/2021

## Bilder einer Ausstellung - INHALT

| Linke Seite | Rechte Seite |
|---|---|
| 1. Farbbild = Fb | 2. Farbbild = **Vorwort** |
| S/W-Bild | 3. Fb = **1 Promenade** |
| 4. Farbbild | 5. Farbbild |
| S/W-Bild | 6. Fb = **2 Gnomus** |
| S/W-Bild | S/W-Bild = **3 Promenade** |
| S/W-Bild | S/W-Bild |
| Schwarz-Bild | 7. Fb = **4 Das alte Schloss** 1 |
| Schwarz-Bild | 8. Fb = 4 Das alte Schloss 2 |
| Schwarz-Bild | 9. Fb = 4 Das alte Schloss 3 |
| S/W-Bild | 10. Fb = **5 Promenade** |
| Weiß-Bild | S/W-Bild |

| | |
|---|---|
| 25. Farbbild Fb | 26. Farbbild = 14 Con mortuis in lingua  mortua 2 |
| S/W-Bild | 27. Farbbild |
| S/W-Bild | S/W-Bild = **15 Die Hütte der Baba Yaga** 1 |
| S/W-Bild | S/W-Bild = 15 Die Hütte der Baba Yaga 2 |
| S/W-Bild | S/W-Bild = 15 Die Hütte der Baba Yaga 3 |
| S/W-Bild | 28. Farbbild |
| S/W-Bild | 29. Fb = **16 Das Bohatyr-Tor von Kiew** 1 |
| S/W-Bild | 30. Farbbild |
| S/W-Bild | 31. Fb = 16 Das Bohatyr-Tor von Kiew 2 |
| S/W-Bild | 32. Farbbild (89. Buchseite) |

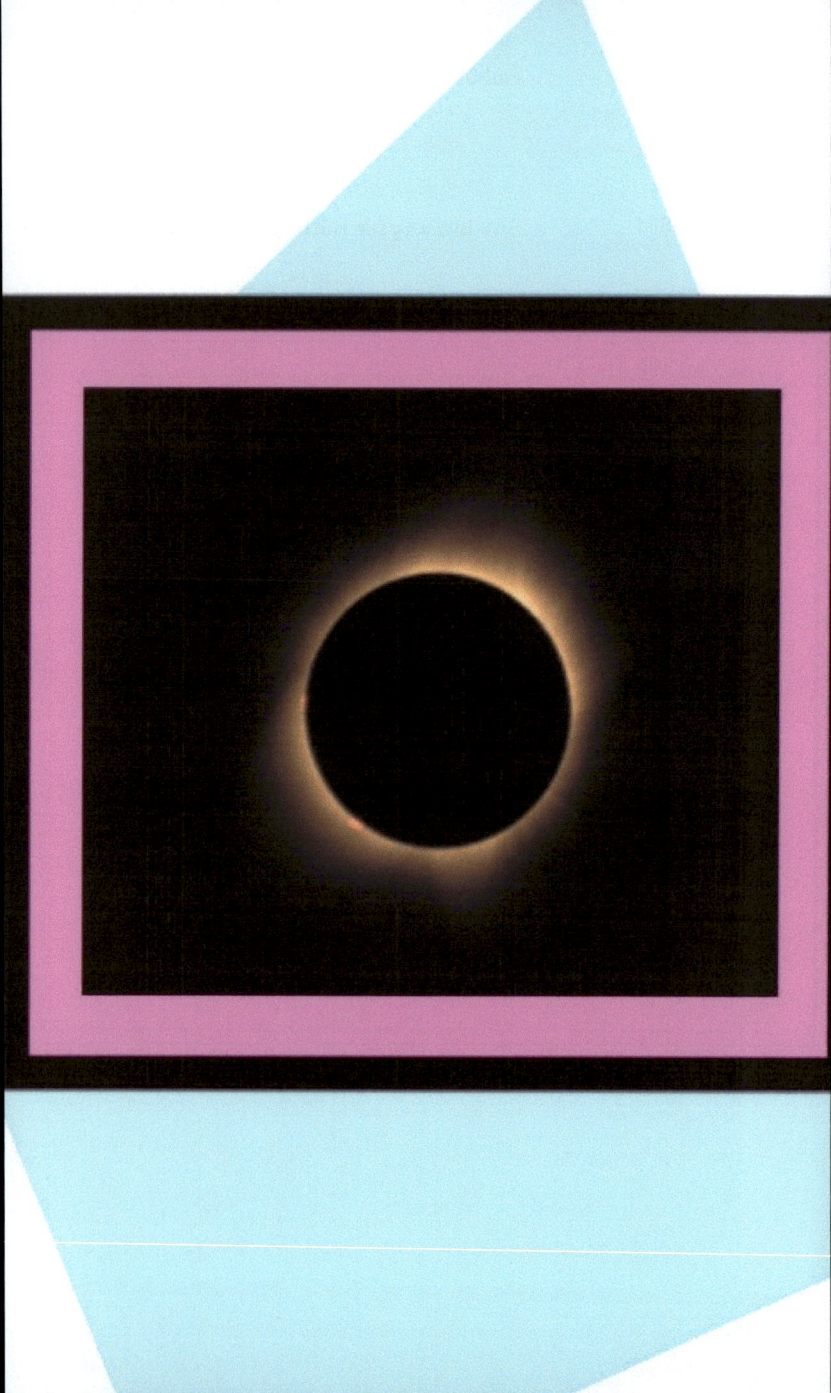

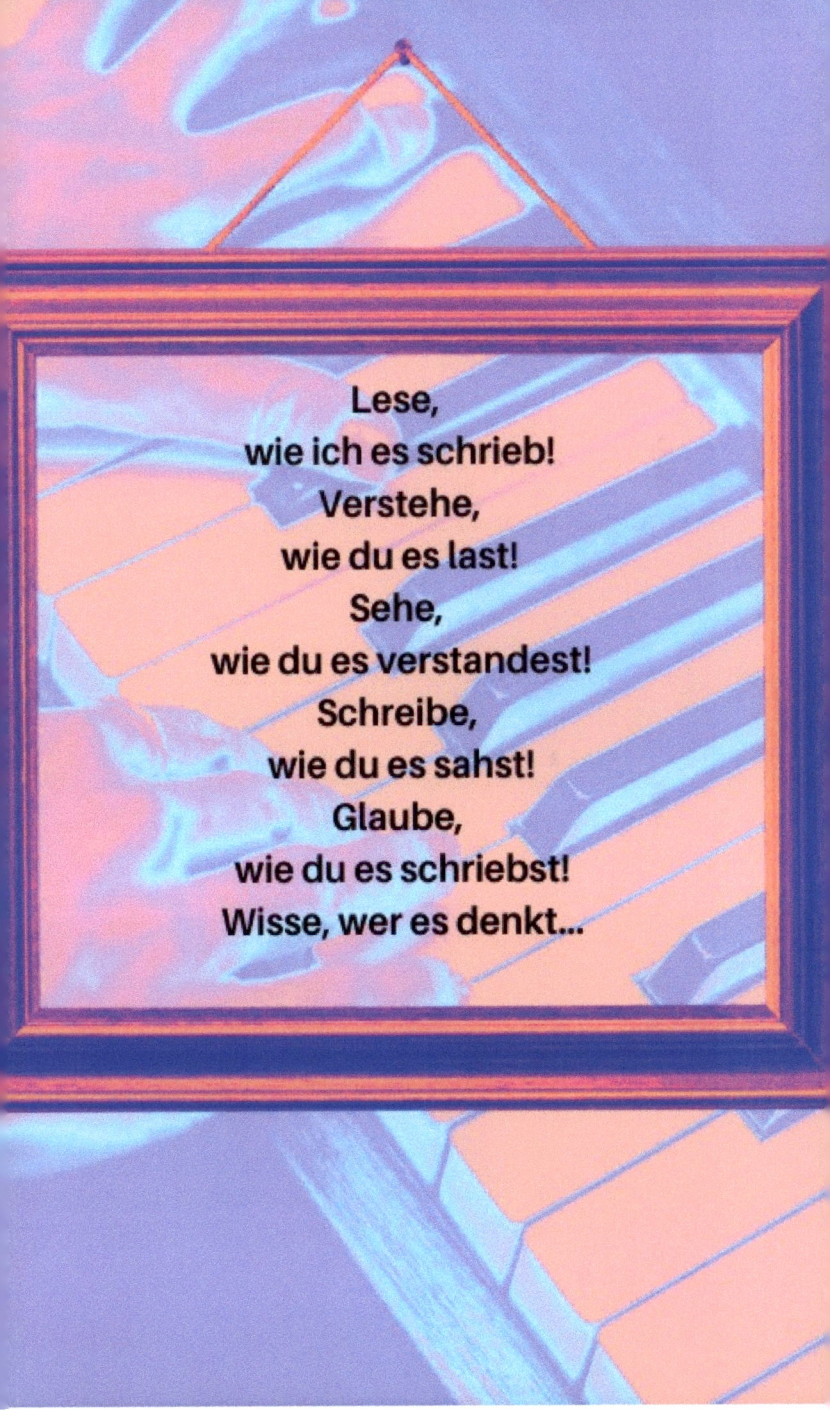

Lese,
wie ich es schrieb!
Verstehe,
wie du es last!
Sehe,
wie du es verstandest!
Schreibe,
wie du es sahst!
Glaube,
wie du es schriebst!
Wisse, wer es denkt...

Promenade

aufgeschlossener Eintritt -
behutsames Verlegen -
auf empfindsamen Eifer -
geruhsam und verwegen -
aufgebraust strebt der Eifer -
nach Denken, Deuten, Denken
aufgestützt bei dem Fortschritt
auf vergangene Zeiten -
auf die alten Fröhlichkeiten -

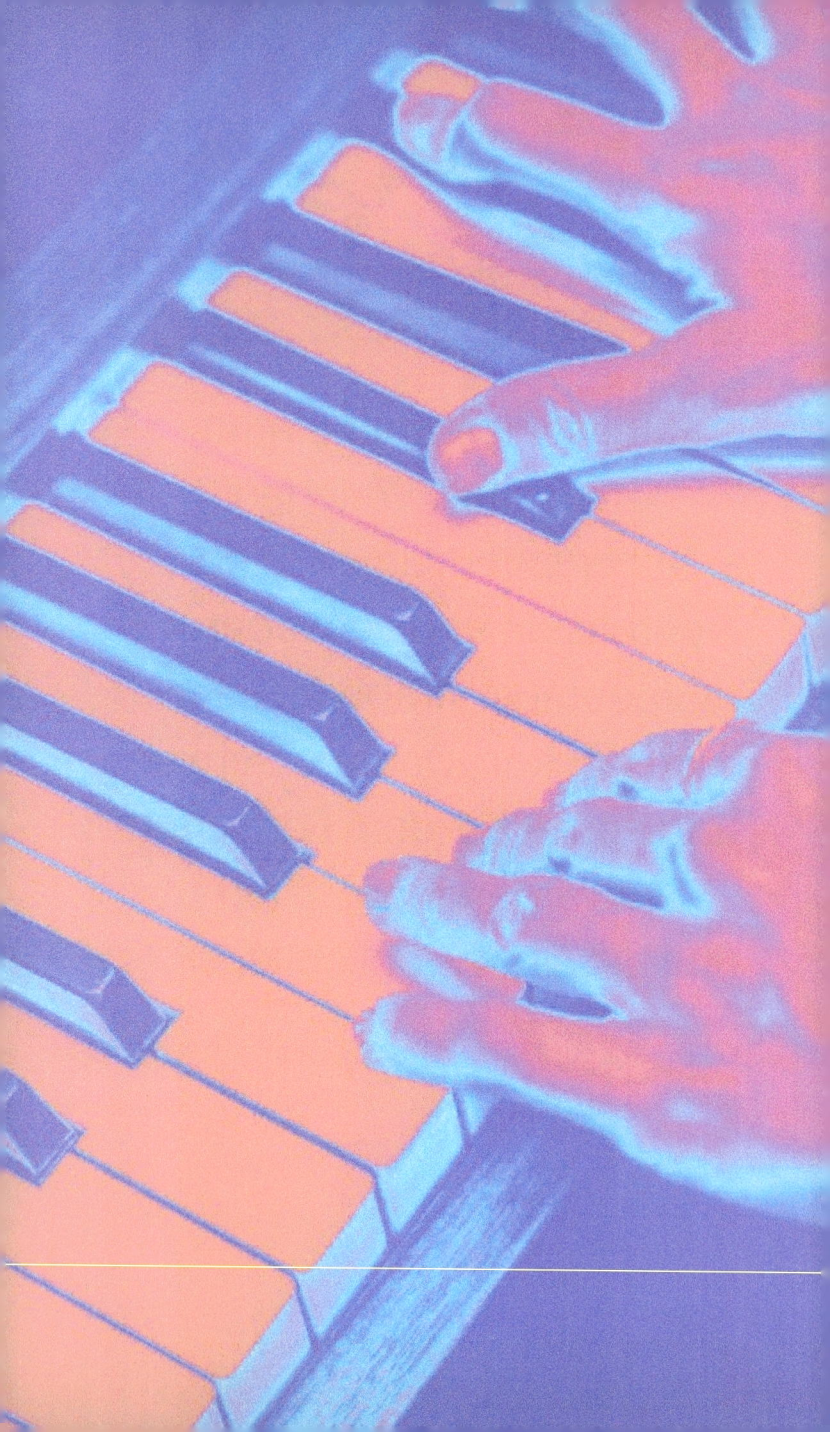

# Gnomus

ein kleiner, ängstlicher Zwerg
gekrochen aus seinem Berg

wacklig, zappelnd, huschend,
mutig, stürzend, kuschend,
begierig nach Freiheit
seufzendes Selbstvertrauen
Freude am Leben bauen
die schreiende Freiheit

blutig die Erinnerung
traurig in Erinnerung
an die einste Flucht -
neues Angstgefühl
rasend wird die Flucht

saugende Einsamkeit
Sieg der Vergangenheit
endlose Verzweiflung

# Promenade

das Lösen dieser Bindung

wird langsam geboren -

das Stören dieser Stimmung

wird grausam verschworen

# Das alte Schloss

## 1

eiserne Wildnis
heiseres Schlosstor
weises Obdach
leises Liedchen

reisender Tross
findet sein Nachtquartier
greisender Sänger
singt der müden Sonne
sein Schlaflied

# Das alte Schloss

## 2

heisere Laute
eiserne Leute
weises Obdach
leises Liedchen

greisender Tross
findet sein Prachtvisier
reisender Sänger
singt mit alter Wonne
sein Liebeslied

# Das alte Schloss

## 3

und schließlich schließt er sich
dem letzten Mann
des Zuges an
und sucht ermattet dich,

oh, altes Schloss.

# Promenade

Die mächtige Natur
reißt den Blick von einem Bild
zu andren gar so wild,
dass er seinen alten Schwur
der neuen Stimmung schenkt,
sie in seine Seele lenkt,
ergriffen von der Spur
zu erhellen quellenmild
und ahnungslos gedenkt.

# Tuileries

## 1

spielende Kinder im Streit

kindliche Wut im Geschrei
plötzliche Balgerei

hitziger Zank ohne Zeit -

Scheinsiege, Pausen, vorbei?
Nein! eine Litanei
heftiger Klagen, die weit
besser als erstere sei,
schafft eine Schlägerei.

# Tuileries

## 2

Wunden und Blut!

Ist´s so weit? -

hitziger Zank ohne Zeit -

Ja, aus der Ferne herbei
Ende der Neckerei
siegende dritte Partei

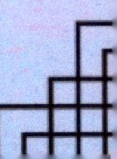

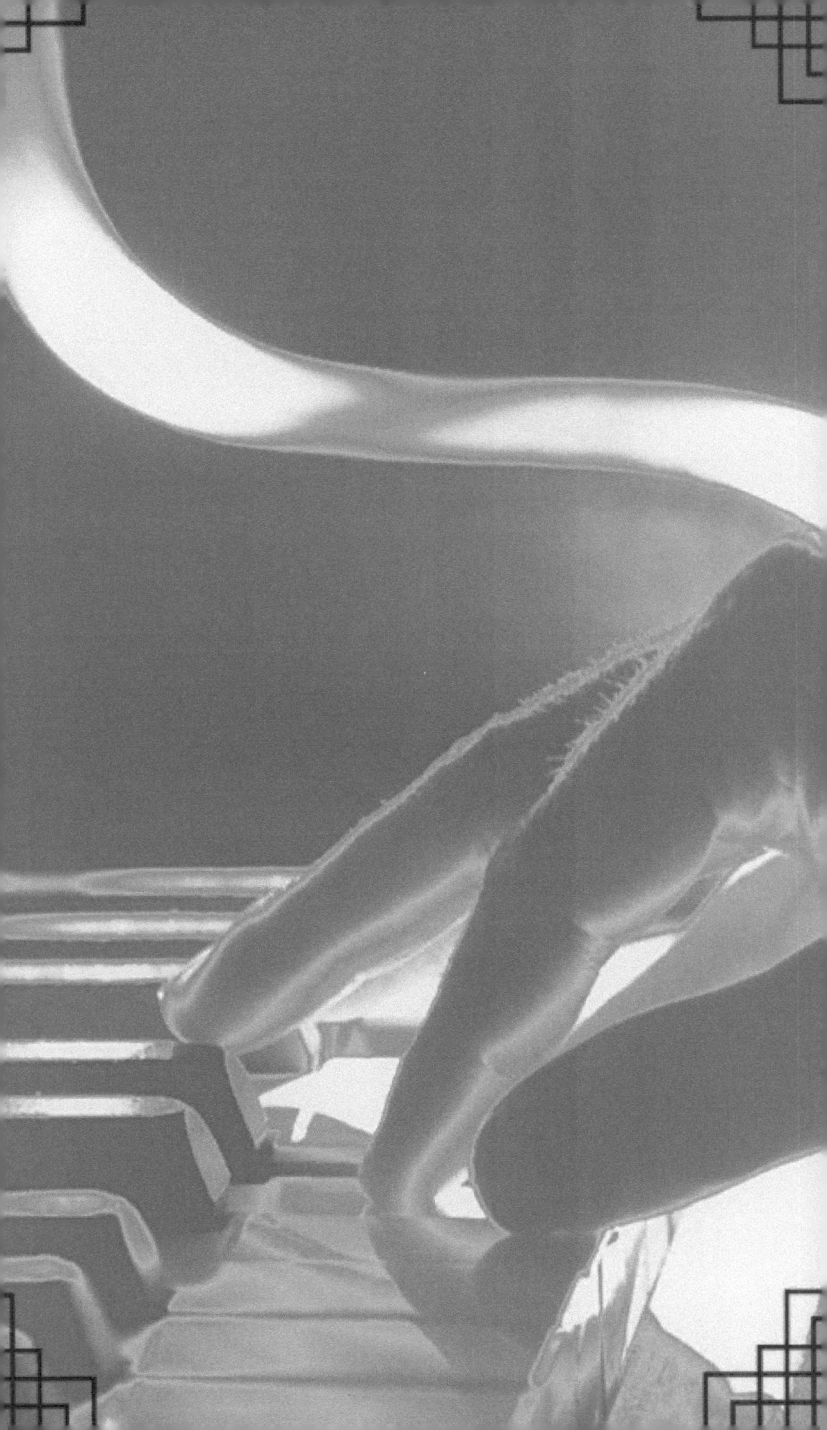

# Bydlo

## 1

**Aus dem Nichts**
gebären sich die Schritte deines Lebens.

**In dem Alles**
erdrücken sich die Lasten deines Lebens.

**Aus dem Alles**
erblicken dich die Särge aller Zeiten.

**In dem Nichts**
gewähren sie dein vieles Leiden.

# Bydlo
## 2


Auf deinem Grabstein
sind die Worte eingeritzt:


"Sklave,
erlöst von der Not
allein durch den Tod. -


- Du lachst verschmitzt
oder lässt es sein!

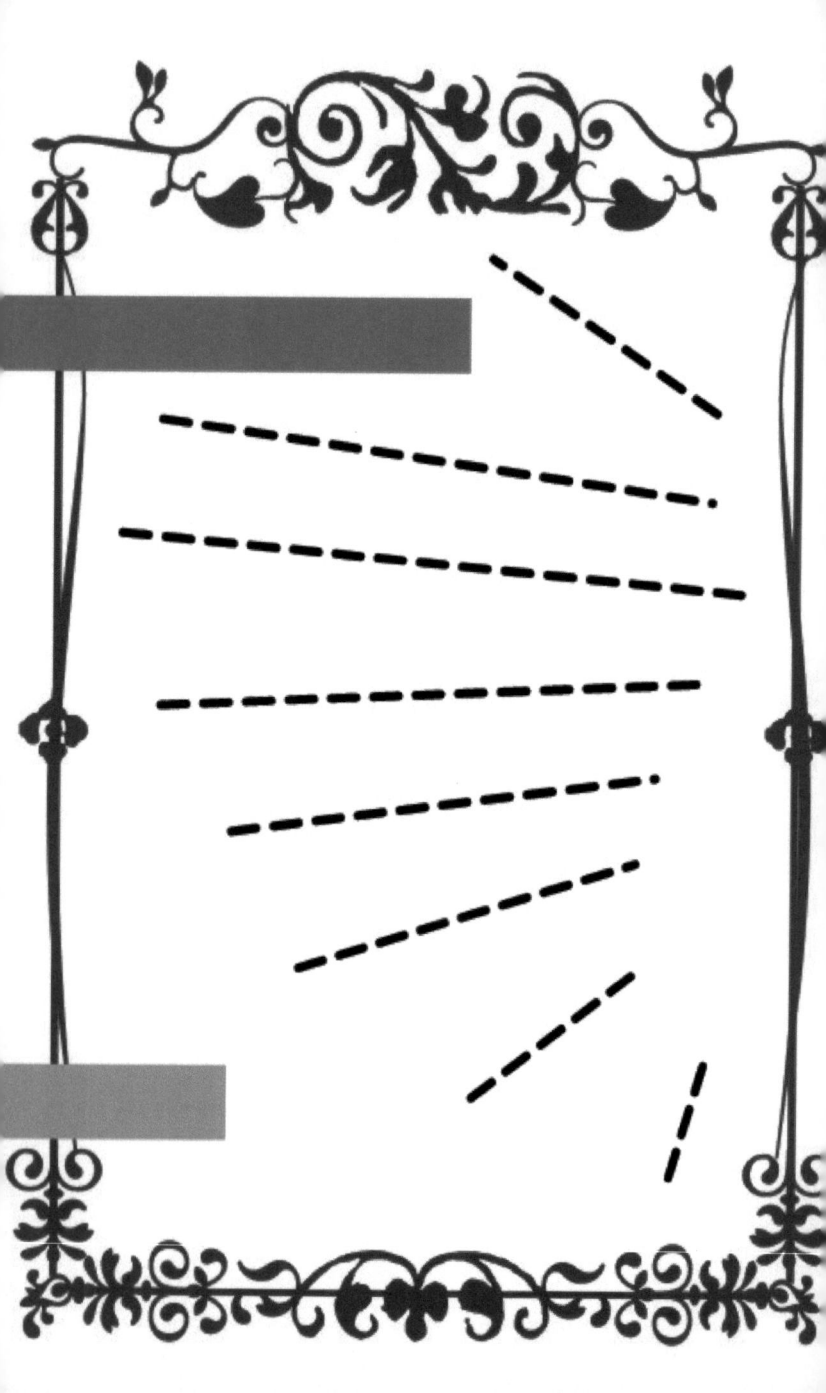

# Promenade

sanfte Gedanken - wie schon
manche einst sanken - wie schon
rankende Pranken krankender Flanken
schwankender Mannen, blanker Tyrannen

zerfleischten -

ein gewagter Blick
auf gefragtes Glück
der erblindenden Erinnerung.

# Ballett der Küchlein
# in ihren Eierschalen

1

Küchlein,
der Geldwelt noch fremd -
sie plumpsen und hopsen ,
sie stolpern und rennen -
sind noch nicht gehemmt.

Doch folgt
der erste Versuch,
zu flunkern , sich mopsen,
benennen, verkennen -
ein kurzer Besuch.

# Ballett der Küchlein in ihren Eierschalen

## 2

Kinder,
sie stürzen noch viel -
zwar weinend und flüchtend,
doch Meinungen züchtend
als sei es ein Spiel.

Schon folgt
das zweite Gesuch -
doch ohne die Bitten
sind sie inmitten
den heimlichen Fluch

des
Geldes
gelockt gehetzt geglitten.

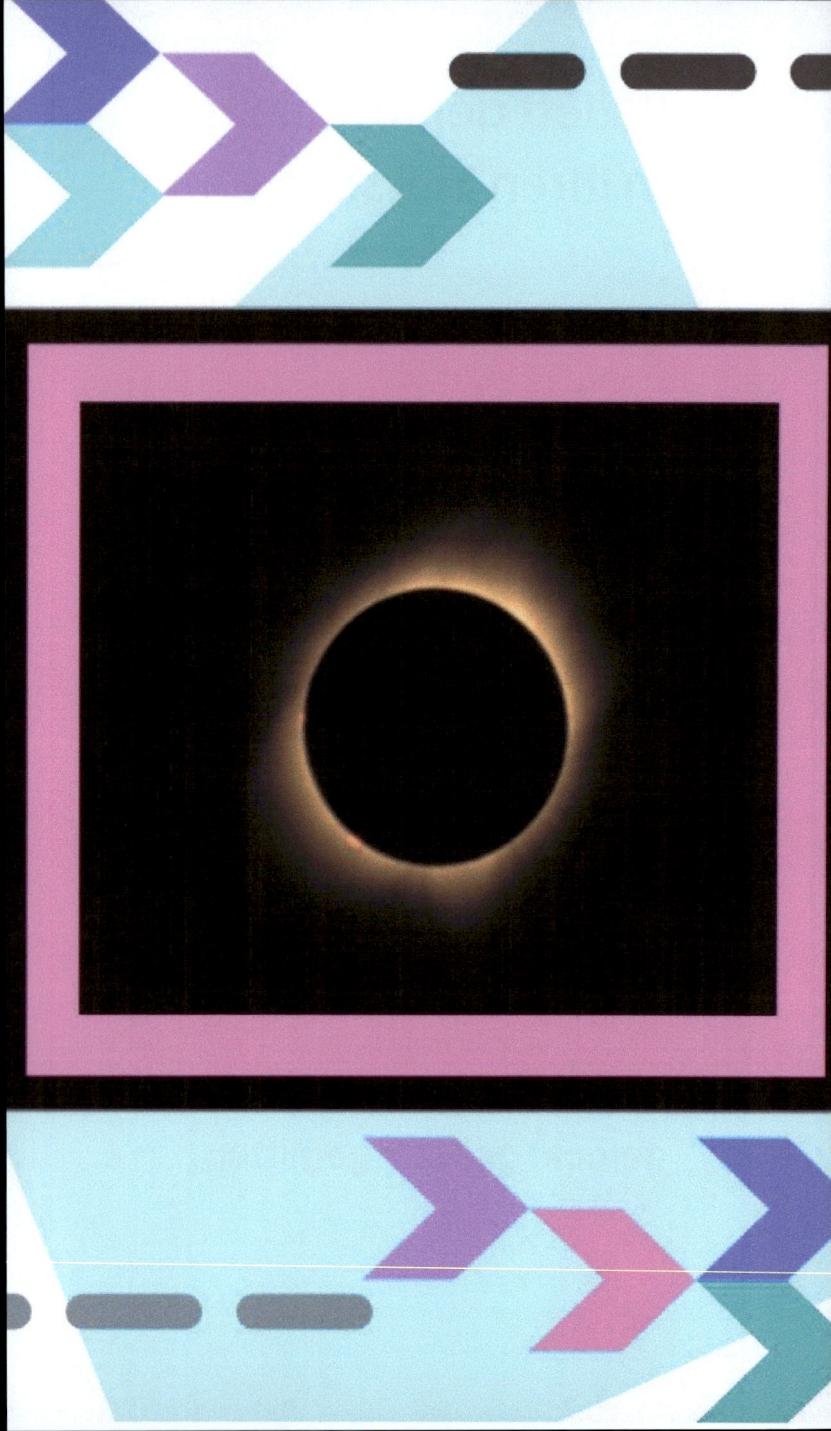

## Samuel Goldenberg
## und Schmuyle

*Der Reiche schwört, -*
Wenn der Arme in der Not -
*auf seinen "Arbeitswert", -*
verhungernd um ein Körnchen Brot -
*und voller Macht bekennt -*

verzweifelnd keifend bettelt. -
*er sich zu seiner Welt: -*
Was der Arme unvermittelt -
*Es gibt von mir kein Geld! -*
mit eignen Worten nennt; -

## Samuel Goldenberg
## und Schmuyle

*Ich hasse dich!* -
Dein Reichtum ist dein täglich´ Brot -
*Auch du beneidest mich!* -
Dein Reichtum ist mein Tod! -

Verstehst du mich? -
*Ich hasse dich!* -

**Promenade**

eingeschlossener Auftritt -
bewutsames Verlegen -
einsam wirbt der Eifer -
zu mühsam und entgegen
einen freien Eifer
nach Denken, Deuten, Denken -
eingestürzt bei dem Fortschritt
in zeitenlose Zeiten -
in junge Heimlichkeiten -

# Von Limoges der Marktplatz

Eifernde Stimmen

in Schwärmen -

Weibische Gestalten

geritten -

Spottende Mäuler raffen

und giften -

**Der Marktplatz von Limoges**

Züngelnde Stimmen

wie Flammen -

Schlängelnde Gestalten

geglitten

in ihre Art Glück ...

# Catacombae

1

Doch plötzlich endet alles Glück.

Man landet sanft mit breiten,
schweren Flügeln an den Armen
in einem unbekannten Nest
gesetzesfreier Weiten
ohne Fünkchen Erbarmen.

# Catacombae

## 2

Man findet abgeschieden
von den vielen Überreichen
in seinem so verwandten Nest
gar niemals seinen Frieden,
wenn nicht jeder seinesgleichen

im Leben hat verziehen,
was sie alle an den Taten,
in welchen Liebe ist gediehen,
immerfort vermehrt verraten.

Dann möchte niemand je zurück.

# Con mortuis in lingua mortua
## Mit den Toten in der toten Sprache

ein  nachtschwarzes Oooooooh.

ein  Funke

ein  Stöhnen

ein  tiefblaues Uuuuuuuh.

noch  ein Funke

noch  ein Stöhnen

ein  dunkelgrünes Aaaaaaah.

eine  Flamme

ein  Seufzen

ein  blutrotes Eeeeeeeh.

noch  eine Flamme

noch  ein Seufzen

ein  weißgelbes Iiiiiih.

ein  Lichtstrahl

ein  Schrei

ein  Lichtstrahl
ein  Schrei
mit den Toten mit toten Worten...

# Con mortuis in lingua mortua
## Mit den Toten in der toten Sprache

ein …
noch ein …

mit den Toten
mit toten Worten …

auf vergangene Zeiten -
in zeitlose Zeiten

# Die Hütte der Baba Yaga   1

Es funkeln dunkle Stimmen
durch den Nebel - BLITZ -
Ihr Heulen bläht in Schwärmen
aus dem grellen Nabel - BLITZ -


ihrer Welt der Finsternis -


Der Atem der Gestalten
haucht den Hauch zum Winde - BLITZ -
Gelockt gehetzt geritten
nahen sie als Wende - BLITZ -


so wild wie ein Geheimnis -

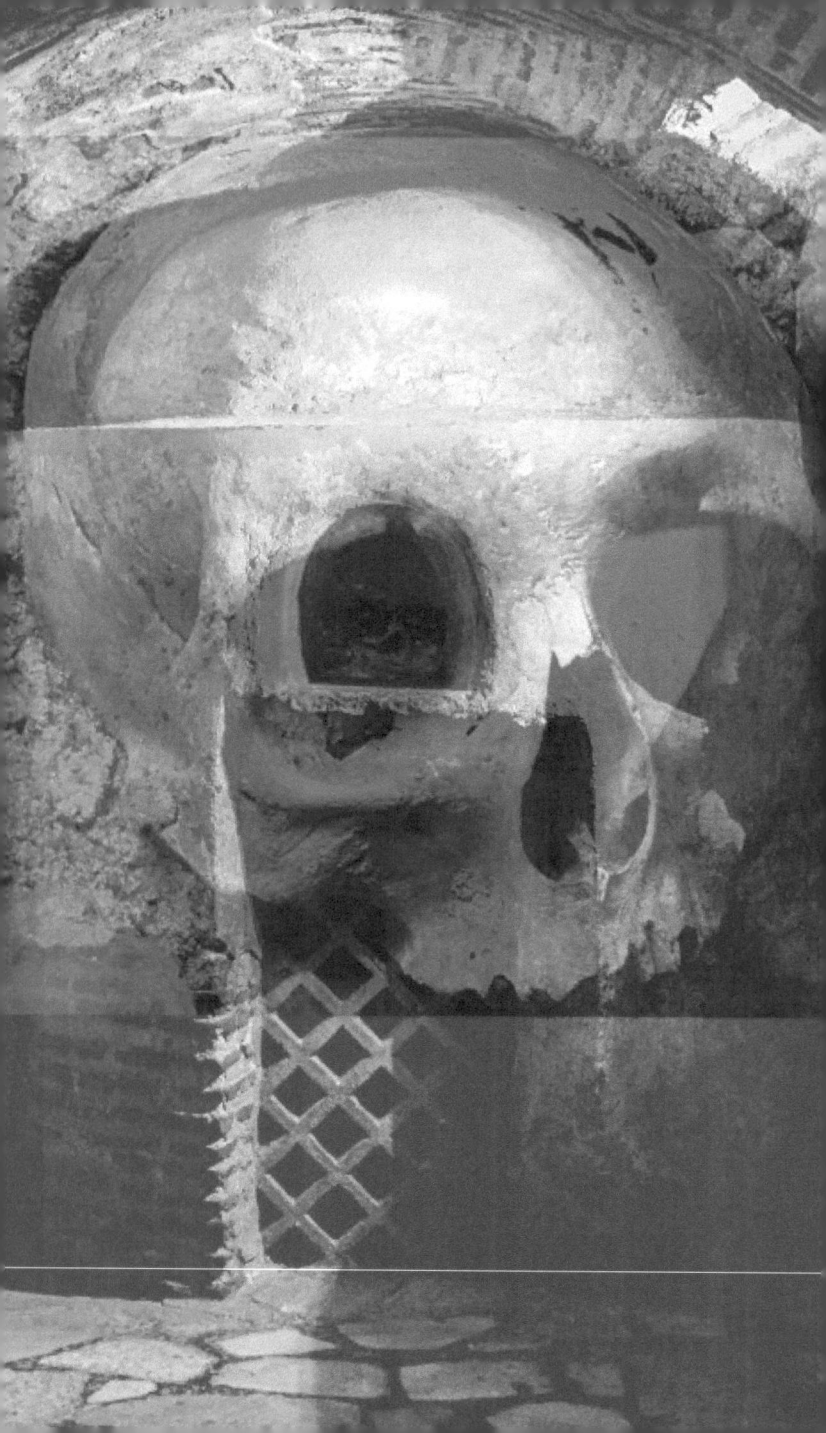

Allmächtig scheinend raffen
sich die Schatten gierig auf - BLITZ -

aus ihrer Welt der Finsternis -

Gebannt zerflüsternd giften
ihre Stimmen ihren Fluch  - BLITZ -

in die Weite der Verdamnis -

Es strahlen ihre hellen Stimmen
durch den weißen Nebel - BLITZ -
Ihr Heulen blüht in Flammen
in den grellen Nabel - BLITZ -


so frei wie kein Geheimnis -


Der Atem der Gestalten
saugt den Wind zum Sturme - BLITZ -
Gelockt gehetzt geglitten
schwinden sie wie Sterne - BLITZ -


in die Welt der Finsternis …

Irgendwo
schwört ein gewaltvolles Tor,

das mit finsteren Fenstern,
zackigen Zinnen
und reichen Rosetten
verspielt vergewaltigt,

was die Schöpfung des Körpers
in Liebe gebiert,

bei den Mächten
aller dunkler Stimmen Fluch
entgegen der Menschen
wundervolle Gesänge
der friedvollen Freiheit auf Erden.

# Das Bohatyr-Tor von Kiew  2

Herrschend zieht der Mächtigste
durch den Kreis des Tores -
bei dem erzwungenem Jubel
der traurigen Weisen des Volkes,

bis der hoffenden Glocken
Erlösung erwarteter Klang

den in vergangenen Zeiten,
in alten Fröhlichkeiten,
in jungen Heimlichkeiten
und mit den Toten mit toten Worten
sanften Gesang

in die Unendlichkeit
der siegenden Liebe
geleitet . . .

Das Warten genügt nicht ...
sonst hat das Ende
nie ein Ende ...

Auf Wiederhören

und Wiederlesen!